Y Lôn Hir Iawn
Osian Wyn
Owen

Cyhoeddiadau
barddas

CYFRES TONFEDD HEDDIW

ⓟ 2022 Osian Wyn Owen / Cyhoeddiadau Barddas ©

Argraffiad cyntaf: 2022

ISBN 978-1-91158-457-5

Cyhoeddwyd rhai o gerddi'r gyfrol hon yn *Barddas*, *Golwg* ac yng Nghyfansoddiadau'r Urdd. Cyhoeddwyd 'Commins Coch' yn gyntaf yn *A470: Cerddi'r Ffordd* gan Wasg Arachne, ac ambell i gerdd hefyd ar wefan *Y Talwrn*, BBC Radio Cymru.

Cyhoeddwyd gyda chymorth ariannol Cyngor Llyfrau Cymru. Cyhoeddwyd gan Gyhoeddiadau Barddas.

Argraffwyd gan Y Lolfa, Tal-y-bont.

Y LÔN HIR IAWN

OSIAN WYN OWEN

I Mam a Dad

Cynnwys

Efallai

Un diwrnod

efallai
y rhamanteiddiaf
hyn.

Consurio iselder
yn orchest lenyddol
a thaenu'r geiriau'n
dyner
dros y briwiau.

Ac efallai,
rhyw ddydd,
byddaf yn methu â gweld drwy'r
'cymeriadau crwn ...',
y 'sgwennu cyhyrog ...'
a'r 'stori afaelgar ...'

Ac efallai y byddaf i'n anghofio
i hyn ddigwydd fyth.

Efallai.

Neu efallai y rhwygaf
fy nghreadigaeth
yn blu mân a phoeri
ar eiriau sy'n methu.

Efallai.

Meionês

Mae'r bardd (cradur tryma'r byd)
yn lyfwr pen ôl hefyd!

Iwsio'i awen wna'r *showoff*
i roi hwb i'w arwyr hoff
yn adlais o fawl chwydlyd
rhyw hen feirdd o'r hen, hen fyd.

I mi, seboni yw'r sbîl
anghenus o anghynnil
a ffuantus sycoffantiaeth.
Ymgrymu mewn canu caeth.

Ond fi? Nid yw fy awen
na'm hawdl, na'r geiriau'n fy mhen
fesul lein yn ymgreinio
i VIP nac i'w heip o.

Brydyddion a'ch seboni,
mae mwy mewn *mayo* i mi,
a mwy na heb, meionês
a'i sôs gwyn sy'n sws gynnes.

Ar siocled, *flatbread*, ar fflan,
ar jops cig oen, ar jipsan,
ar fyrgyr neu ar gyrri,
mae hwn yn gwneud sens i mi.

Mama Mia! Mae *mayo*
yn gyrru gŵr gwâr o'i go',
a meionês, mae o'n wych
ar frysel sbrowt, ar fresych,
jar o hwn ar sosej rôl
sy'n addewid, sy'n dduwiol;
ac ar gorn fflêcs, peth secsi
yw meionês (am wn i).

O'i weld ar silffoedd Aldi
rhyw ias fain ddaw drosof i.

Er fy mod ar fai, mi af
i daenu'r stwff amdanaf.

Eog

er cof am Alun Bonc

Eog o hogyn.
Yn dy gôt *high-vis*
yn edefyn disglair o arian
yn gweu
drwy ddŵr mwll bywyd.

Ond hen ddyn blin ydi Afon Anafon.
Ewyn budr
wedi casglu'n boer sbeitlyd
ar gorneli ei wefusau.

Hen ddyn chwerw sy'n rhegi ar blant
ac yn dwyn eu peli nhw,
yn eu llyncu i'w lif lliw te tramp.

Ac fe'n gadawyd ninnau
i chwilio'n daer
rhwng y swigod a'r brwgaets
am yr edefyn disglair o arian
yn gweu
drwy ddŵr mwll ein bywydau.

Tamad arall

noson Etholiad yr UDA, 2020

'Ga i gacan arall?
Dim ond tamad, hyd yn oed?'

Rwyt ti'n ddwy oed ac yn ffeindio dy
draed fel oedolyn yn barod,
yn medru cyfaddawdu a tharo bargen
i gael rhywbeth.

Ond mae dy gof di'n wynnach na blawd,

heb ddeall yr hyn sy'n
digwydd heddiw, filoedd
o filltiroedd dros y môr

(wyddost ti ddim yn iawn beth ydi
'miloedd' o rywbeth),

gymaint â hyn.
A dwi'n dal fy mreichiau ar led.

Wna i ddim dy ddiflasu di,
wna i ddim dy ddrysu di
efo rhifau'n uwch na deg,
a'r ffaith bod i goch a glas
eu hystyron eraill,
y tu hwnt i liw tomato a phêl lan môr.

Digon am y tro ydi dweud
y cei di damad arall,

a phan ei di i gysgu heno,
a melystra-blas-pechod
y gacen wedi ei sgwrio'n drylwyr
o gilfachau dy geg,

byddaf yn dy lapio mewn
marsipán breuddwydion
a mwytho diferion siocled
dy frychni,

byddaf yn arogli
ogla llaeth enwyn dy ben,
ac yn mwytho
malws melys dy groen,

byddaf yn sefyll uwchben dy got
yn sgeintio siwgr eisin yn gusanau
dros dy lygaid cysgu

ac yn addo iti doreth
o gacennau'n dameidiau bach o hapusrwydd

am byth.

Dolig 2007

Fesul darn, rho wisg arni. Dyro sêr
    yn drysorau drosti.
  Un bore cei ei brig hi
  a golau'r sêr 'di gwelwi.

Gwyn y gwêl

i Nico

Er gorfod mopio pob pi-pi – ac er
    cachfeydd geirwon, 'ngwas i,
  yn dwt, dwi am ei deud hi:
  gwyn y gwêl hogyn ei gi.

Y Felinheli

Mae'r Felinheli'n sŵn hwyliau'n – taro
      ger y tir, a lleisiau
   swnllyd y byd lond y bae'n
   galw'r enw o'r tonnau.

Factor Fifty

Pobol coleg fu'n rhegi'r hafau hir
      a'n harferion doji,
   'Naw wfft! Rhown *factor fifty*
   i'w daenu'n hael!' ddwedon ni.

8 Ffordd y Tywysog

Bangor Uchaf

Cilffordd wledig, braf
o flwyddyn oedd hon.

Lôn gefn dawel rhwng BA
(byth adra)
a BG
(byw go iawn).

Lôn i'w theithio'n hamddenol,
yn fy amser fy hun
am nad oeddwn i'n barod,
eto,
i deithio traffordd brysur bywyd.

Bywyd yn ei holl awdurdod
swyddogol, tarmaciedig.

Bywyd â'i arwyddion (dwyieithog)
yn orchmynion
mewn ffont gorfforaethol.

Dro byr o lôn
nad oedd iddi rif ffurfiol,
syber
ar ddogfennau'r Cyngor Sir.

Gellais blygu'r rheolau fymryn.

Mentro ffin feddal, anniffiniedig, y lôn
a chodi sbid,
neu yrru'n wirion o araf
am nad oedd cyfyngiad cyflymder
ar y cyfryw lonydd.

A minnau rŵan ar *slip road*
ddychrynllyd bywyd
yn sbio dros fy ysgwydd,

rwy'n diolch am ei chael.

Stafall

Dychmyga fod mewn stafall
ddu, ddu lle mae pawb yn ddall
a lliwiau ha'n ddim ond llwch
tu allan. Dim ond t'wllwch
diffenest yn ymestyn
fel nos, fel y nen ei hun.

Ond mae stafall arall, wen,
stafall glir, stafall glaerwen
i ni'n gynfas wag enfawr
i'w lliwio hi o'r to i'r llawr.

Mae stafall, ac mi alli
wthio'r ddôr i'w hagor hi.

Llosgi

tannau gwyllt coedwig law'r Amazon, 2019

Rhywle, ymhell, mae gwlad nad yw hi'n bod,
nad yw'n cyfrannu dim at droi y rhod
nes daw, un dydd, yn sbloets o goch i'n sgrin
i'n troi yn fyddin o *emojis* blin.
Ond c'neswn ninnau'n dwylo yn y gwres
a gwadu bod y nos yn llosgi'n nes.

Fe aiff y sôn ar led, fel tanchwa ddig,
am lanast pell, ond dim ond stori big
ydi hon, meddan nhw, wrth brocio'r glo
a gwadu bod y tân yn mynd o'i go'.

Er duo'r esgyrn oll hyd at eu mêr,
be fedrwn ni ei wneud ond clicio *share*?
Ac wrth i'r sgyfaint wan besychu mwg,
a phawb o'r farn fod pethau'n mynd yn ddrwg,
be wnawn, ond c'nesu'n dwylo yn y gwres
a gwadu bod y nos yn llosgi'n nes?

Iktsuarpok

gair o'r iaith Inuit am fynd allan bob munud wrth aros am rywun

Perfformiaist y ddefod hon droeon.

Clymaist dy farclod am dy gefn
a hel llwch y blawd oddi arno.

Twtiaist dy wallt,
a gosod mefusen
yn gymen ar sbwnj.

Rhoist y te i fwydo,
a chofiaist ddiffodd y gas,
jest rhag ofn.

Bryd hynny, roedd y
cof yn wynnach
na'r porslen a orweddai yno'n
gwahodd teulu i de,
ac fe lenwai dy ffigwr solet ddrws
17 Moy Road.

A heddiw,
er bod y cloc wedi dod i stop
a'r gloch wedi newid ei thraw,
rwyt yn tynhau dy farclod,
yn hel llwch y blawd
ac yn twtio dy wallt.

Rwyt yn pwyso'n
gam ar ddrws 17 Moy Road,
ac yn aros.

Beic

Arferai'r Sadyrnau fod yn ysgafn, braf
a dim ond arogl oel
a haul ar deiars yn drwm.

Dyna'r Sadyrnau y byddai'r
awel yn sisyrnu'r cymylau'n
filiynau cudynnau gwlân
a'r diwrnod yn dirwyn yn dsiaen
arian i'r gorwel.

Agor drws y garej, a deffro'r
creaduriaid fu'n hepian
yn y gwe a'r trawstiau
ers y Sul, gan adael triog haul dydd Sadwrn
i ddiferu
ar duniau paent hanner gwag
a hen dŵls.

Doedd y diwrnod heb ei dwtsiad,
a dyna reidio llafnau'n beiciau
i dorri briwiau ar yr awyr.

Ond diflannodd y Sadyrnau
dan haen o rwd.

Mynnodd glaw hydrefau ddianc
drwy dyllau'r garej
ac roedd yr hen feic ar flino'n lân.

Rhaid oedd gloywi'r cogs.
Trwsio'r tsiaen
a rhoi i'r gloch ei hen sirioldeb yn ôl.

Ond er tollti'r olew'n sliwen ddu i'w berfedd
fesul Sadwrn, aeth y gwaith yn drech
a rhoed y beic i hel cansar yng nghornel y garej.

Ac ymhen blynyddoedd
daeth yr orchwyl o glirio'r garej.
Cafwyd gwared â'r tuniau paent hanner gwag
a phaciwyd twls mewn bybyl rap.

Llwythwyd sgip, ac aeth dau feic yn un.

Ond o ddiosg y gynfas lwch,
ei phlygu'n dwt a'i rhoi o'r neilltu,
daeth arogl oel
a haul ar deiars yn drwm i lenwi fy ffroenau.

A theimlais bigyrnau'n dynn ar rwber
unwaith eto.

Emmanuelle

a roddodd enedigaeth i'w babi yn ystod ffrwydrad Beirut, 2020

Yn y ffwrnais uffernol ym Meirut
  mae'r waedd yn annynol,
 ond mae fflam llygad famol
 ar faban chwa'n llenwi'i chôl.

Brifo

I ŵr ifanc sy'n brifo – mygydu'i
  Armagedon wnaiff o;
 rhoi ewyn peint i'w sgeintio'n
 lluwch gwyn ar fwrllwch ei go'.

Amlen

Mae'r amlen wen wedi'i nôl,
amlen wen, amhersonol.

Amlen ddigydymdeimlad
o law oer swyddogion gwlad.

Mae gwên, mae breuddwyd, mae gwae
i gyd yn ei phlygiadau.

Amlen wen, a phendroni'r
gwir hyll sydd o'i hagor hi.

Mewn ffont fras, ddiflas o ddu,
un sill, fel fory'n syllu.

Mae'r agor, siom y rhwygo'n
inc hyll ar fysedd y co'.

Amlen wen sy'n gadarnhad.
Amlen wen sy'n ddiffiniad.
Amlen wen, fel 'tawn i'n neb
ond amlen wen, ddiwyneb.

Helfa

Ar ril mae cyffro'r eiliad.
Mae'i wên yn wyllt. Mae mwynhad
gwaed oer yn ei lygaid o
ar ril sy'n dal i rowlio.

Eiliad y golau'n pylu
wedi'i dal mewn gwyn a du;
un eiliad hir yn nhir neb
a dannedd lond ei wyneb.

Mae glafoerio'r brolio braidd
yn filain. Anifeilaidd.

Heibio'r ril a'r chwerthin braf,
oriel y marw araf,
ei falchder sy'n fwy perig
na charw Mai'n chwarae mig.

Commins Coch

i Dad

Mi fyddai 'nhad, wrth gyrraedd pentref bach
di-nod ar fap rhwng Penygroes a'r de
yn mynnu adrodd rhyw hen stori wrach
am ddarn o dir ar gyrion Maldwyn lle

'ni waeth pa awr o'r dydd y down ni, was,
ni welir neb ar strydoedd Commins Coch.
Ni welir ffarmwr triw yn twtio'r das
na'i wraig yn sgeintio hadau bwyd i'r moch.'

Dechreuais innau gredu'r stori wrach
am bentref bach ar gyrion Maldwyn ddel,
ac ynddo bont a thai a chapel bach,
lle nad oes enaid byw yn byw ers sbel.

Nes imi weld rhyw gysgod gyda'r hwyr
a fynnodd chwalu hud y stori'n llwyr.

Cywydd cerdyn post

Hvar, Croatia, 2019

Henffych!
Fe ges i anffawd.
(Do, bu bron â darfod, brawd.)

Yn Hvar, mae'n haf o hyd
(ond haf go ddyfrllyd hefyd!).

Ar bwys y dŵr gorffwysais
ar dân.
A swnian fel Sais
oeddwn i. (Peth hawdd iawn yw
i estron greu rhyw ddistryw!)

A'r haul yn deg ar lan dŵr
rhyw orbit oedd yr harbwr
a lyncodd *pumps* glaslencyn
nad oedd ei griau fo'n dynn.

Wedyn, estyn. *Disaster.*
Â bloedd aeth Hvar yn *blur.*
Mawr fu'r sblash yng Nghroatia
(nid yw hyn yn ddigon da).

Yn wlyb yn ei hotél o,
yfed er mwyn anghofio
mae twrist trist, yn deud 'Tra!'

Hwyl wan!
Osian.
(Croatia)
X

Y lôn hir iawn i Lanrug

I Lanrug mae'n lôn hir iawn
o Fangor, ac rwy'n edliw
penderfyniad annoeth
stiwdant i beidio
â newid syrjeri.

Ar y lôn hon, gofynnodd hi
(a oedd yn fy nghyrchu i gasglu 'canlyniadau profion gwaed')
gwestiwn.

A'r ateb, un ai'n Gaergybi
neu Langefni
(ond doeddwn i ddim yn poeni
am ddim, dim ond trio casglu'r geiriau
a oedd yn llanast ar lawr. Eu tacluso
a'u sythu'n synhwyrol cyn eu
gosod ar geubrennau fy nghof
a'u rhoi i'w hongian
yn rhes dwt).

Ond, am y gwyddwn y byddai'r
ceubrennau'n syrthio'n glewt eto,
ac arogl cemegol syrjeri'n
golchi'r geiriau o'm ceg,
diolchais mai
lôn hir iawn sydd i Lanrug.

Gwleidydd

O ddrws i ddrws, mynd sydd raid
i rannu â thrueiniaid
y stad dy sgwrs gynnes di
heibio i wên dy seboni.

Yna daeth at ddrws rhif dau,
ei hwyneb Rizla tennau,
yn gorff yn ei llusgo'i hun.

Yn y dechrau ti'n dychryn
cyn rhoi, ar ôl etholiad,
wedi i'r stŵr droi o'r stad,
wyneb y ddynes honno
drachefn ar fainc gefn y co'.

Llaw dde

i Mam

Dwi'n llaw dde. Dwi'n gyffredin.
Pob tocyn, pob gwydryn gwin
sy'n swatio'n y llaw honno.
Mi fûm fel hyn ers cyn co'.

Wrth ddal bat. Plicio tatws.
Wrth gau'r drôr, wrth agor drws.
Wrth wneud llun. Wrth ganu'n gaeth
yn hon mae fy hunaniaeth.

Ond mae un weithred wedyn.
Gweithred fach. Gweithred a fynn
y llaw arall, oherwydd
i fab fedru bwyta, bydd
llaw chwith ei fam bob tamaid
o'i grud yn addysg o raid.

Bangor Uchaf

Dydi'r eira
ddim yn aros yn hir iawn
ym Mangor Uchaf.

Na'r bobol chwaith.

Rhywle dros dro ydi o.

Rhywle i'w gyrraedd,
nid fel haul y gwanwyn,
yn ara' deg,
ond fel cawod eira, drom.

Dros nos.

A deffro wedyn
yn y bywyd newydd hwnnw
ac eira powdwr yn ei garpedu.

Yn dlws a bregus.
Heb ei dwtsiad.

Ond mi eith o,
fel y doth o.

Yn gyntaf,
troi'n slwj.
Du.
Dim.

Ond mi fydd yr atgofion yn para'n hirach
a'r cofio ei hun fel twtsiad yn yr eira.

Yn bigog o gyffrous.

Bannau

I fannau anghyffwrdd

Fe'i gwelais.

Yn fflach o felyn
yn bygwth chwythu llechfaen o nos yn yfflon;

peidiais â'i chyffwrdd.

Syllu o bell ar gorwynt
o hogan yn lordio strydoedd dinas
a hawlio'r noson iddi'i hun.

Noson sy'n drwm o chwys ac ogla melys
sent drud.

Fflyrtio dros ddiod
sy'n llosgi'n ffisig tagu i lawr ein gyddfau,
ac ewyn lager yn donnau'n chwalu
ffiniau'n siwrwd.

Y ffin rhwng yr anghyffwrdd

ac yna,
ei chyffwrdd.

Chwerthin

Chwarddasom wrth edrych yn ôl
ar hen swildod.

Nosweithiau'r sbio-o-bell
a'r peidio cyffwrdd,
hwythau'n anghyffwrdd ac ar goll
rhwng mwg-gwneud a goleuadau disgo.

Parheaist â hyder meddw coleg
i baentio palmentydd y ddinas
yn driog melyn hyd-ddynt
a minnau'n gynffon ar dy ôl.

Ar y graig, fe greom gaer
lle bu caer a hen geiniogau
ac yno, yn nhroeon
chwil chwech y bore
a bybyls y proseco'n pryfocio,
fe gydiais ynot.

Plennais yr hyn na ddywedais wrthyt,
y geiriau na lefarais,
yn faner ar ein caer.

Ond chwalaist y graig
heb seinio'r gloch.

Glynu

Glynodd edefynnau ei gwallt
fel staen gwin coch
wrth ddillad a chlustogau.

Daeth cysgu'n orchwyl ac oglau sent drud
yn stelcian ar gwrlidau caru
cyn dod gefn nos yn darth
i'm deffro â hunllefau
ac arogl chwys dieithr.

Arogl a'i meddwodd hi.

Chwalodd yr hyn a fu'n gerflun
imi'n gyrbibion,
a melltithion y bore bach a chlecs tafarn
yn stremps o gachu gwylan drosto.

Fe'm ceryddais fy hun
â delweddau ei chyfeiliorni.

Mygais ddagrau
a'u gadael i gronni'n wenwyn
y tu mewn imi,
cyn eu tywallt yn eiriau brwnt
dan fy ngwynt.

A glynodd geiriau'r cyfaddefiad
fel graffiti blêr wrth waliau'r cof,
a minnau'n sgrwbio'n orffwyll i'w gwaredu
a llenwi'r gwagle â'm geiriau fy hun.

Ceisiais hawlio'i brad gyda gweniaith
a chusanau gwag,
fy rhyddid newydd.

Ond glynodd.

Baglu

Baglais
â choesau cam babi jiráff
fy meddwdod
drwy haf o nosweithiau anghofio.

Llenwi'r dim-byd
â sŵn chwerthin
a gwydr yn taro gwydr.

Ac yna, drwy
niwl-y-trio-peidio-cofio,
daeth ddoe yn swadan gas
i ddarnio noson desog o Awst
yn chwilfriw.

Gwên gyfeillgar.
Cydnabod.

Meddwi i anghofio
a'r gwin rhad
yn blasu'n rhatach nag erioed.

A baglu,
â choesau cam babi jiráff fy meddwdod.

Baglu i ddoe.

Deffro

Deffro,
a haf o nosweithiau anghofio
ar goll yn rhywle
mewn cwmwl o fwg sigarét.

Deffro,
a phlannu fy mhen yn dy wallt,
eto.

Gwallt mwsog meddal
ac ogla gwlith y bore ei lond o.

Ogla-cynnas-dod-adra
ac ogla-sws-rhwng-cwsg-ac-effro.

Ogla stalwm.
Ogla rŵan.

Hefyd yn y gyfres:

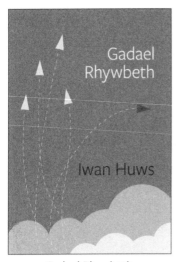

Gadael Rhywbeth

Ar Ddisberod

Ni Bia'r Awyr

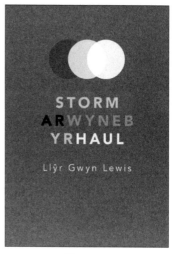

Storm ar
Wyneb yr Haul

Hel Llus yn y Glaw

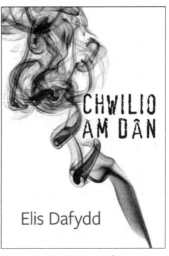

Chwilio am Dân

Eiliad ac Einioes

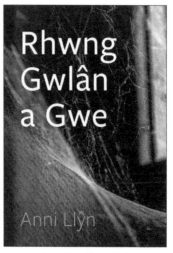

Rhwng Gwlân a Gwe